Lb SS 718

OU EST LE SALUT DU PAYS

PAR UN AMI DE LA FRANCE

Socialisme,
République,
Empire,
Monarchie.

Prix : 10 Centimes.

PARIS

CHEZ GARNIER FRÈRES,

PALAIS-NATIONAL, 215.

1849

Le scrutin qui tranchera les destinées de la France va s'ouvrir dans quelques jours; les moments sont précieux; point de vaines hésitations, point de stériles compromis. Le salut du pays est entre vos mains; la République vous a donné le suffrage universel, sachez vous en servir. C'est une arme dangereuse, elle peut rendre la vie à la France, mais elle peut aussi lui donner la mort. Notre position politique est difficile : quinze mois de République, loin de diminuer les périls, n'ont fait que les accroître. Il est plus que jamais permis de dire avec le proverbe, cette sagesse des peuples, que nous avons changé notre cheval borgne, si borgne il était, contre un aveugle. Mais à quoi bon des regrets! Ce ne sont pas des paroles qu'il faut aujourd'hui, ce sont des actes. Sans doute l'autorité repose maintenant entre les mains d'hommes que la France a longtemps honorés de son estime; l'élection du 10 décembre, comme un vent favorable, a poussé vers le port le vaisseau de l'Etat; mais il n'y a point encore touché, il en est encore bien loin; d'épais nuages assombrissent toujours l'horizon; de nouvelles tempêtes menacent chaque jour d'éclater; notre tâche n'est encore accomplie qu'à moitié. Un fameux montagnard d'autrefois disait : De l'audace! toujours de l'audace! Nous, disons : Du courage! toujours du courage ! Notre salut est à ce prix. Le pire de tous les maux serait le découragement ; imitons nos adversaires, que ne fatigue aucune défaite , que ne lasse aucun mécompte. Le vaisseau de l'État est en danger, donnez-lui de bons pilotes, et il vous fera *toucher au port.* Son salut dépend du choix que vous ferez de vos candidats ; chaque nom que vous inscrirez sur votre bulletin sera la vague contraire ou le vent secourable qui en retardera ou favorisera la course. Tous, socialistes, républicains modérés, etc., vous crient : Soyez unis. Sans doute, l'union fait la force ; mais faut-il encore savoir où l'on va, et ne pas s'unir pour le mal quand on croirait s'unir pour le bien. C'est aussi dans le dessein de vous guider dans l'accomplissement de cette œuvre difficile que ce petit écrit a été composé. Je n'ai point la prétention de vous dicter impérieusement vos choix ; mais j'ai pensé que, dans les circonstances actuelles, il fallait que chacun apportât le tribut de ses lumières et contribuât suivant ses forces à hâter le moment où la société sera rétablie sûr de solides bases. Croyez un ami sincère, qui a souffert comme vous depuis quinze mois, mais qui espère toujours, parce qu'il a la confiance que la France saura, au 13 mai, se souvenir de son passé pour assurer son avenir.

DES PARTIS POLITIQUES.

Quatre partis principaux, à l'heure qu'il est, se disputent en France l'opinion publique : le parti républicain socialiste, le parti républicain dit *modéré*, le parti napoléonien, le parti monarchique. Nous allons étudier chacun de ces partis en particulier, peser leurs prétentions, rechercher ce qu'ils ont fait dans le passé, *en conclure ce qu'ils pourraient faire dans l'avenir*, et nous prononcer enfin pour celui d'entre eux qui, par son histoire et par ses principes, semble offrir le plus de garantie pour la paix et la prospérité du pays qu'il serait appelé à régir. Commençons par le parti républicain socialiste, qui, s'il a moins fait jusqu'ici que tous les autres pour le bonheur de notre patrie, fait au moins aujourd'hui le plus de bruit et le plus de promesses.

Du Parti Républicain Socialiste.

Ce n'est point d'hier que les doctrines socialistes ont fait leur apparition dans le monde, elles ne datent point de la révolution de février. Dans l'antiquité, au moyen âge, dans les temps modernes, elles ont tenté plus d'une fois de s'emparer de la société, qui les a toujours repoussées avec horreur et dégoût. Réfutées par Aristote, qui les regardait déjà comme des vieilleries politiques, livrées au ridicule par Aristophane, ces doctrines perverses, exilées de la Grèce, ont tenté en vain de s'établir à Rome, à la faveur des guerres civiles qui, vers la fin de la République, désolèrent l'Italie. Elles ne furent pas plus heureuses au moyen âge, sur les côtes d'Afrique, sous le masque d'hérésies religieuses, et vinrent, au seizième siècle, se noyer à Frankenhausen dans le sang des anabaptistes, qui pendant plusieurs années épouvantèrent l'Allemagne par leurs crimes et leurs folies. Mais le génie du mal est infatigable. Tant qu'il y aura dans le monde des scélérats pour lui servir d'instruments, et des sots pour se laisser séduire, il reprendra son œuvre de destruction. En 95, au sortir de la terreur, un homme obscur qui n'avait pour lui que la célébrité du crime et du vice, Babeuf, essaya de ressusciter ces doctrines funestes qui semblaient reléguées pour toujours dans le monde des chimères ; mais la France n'avait été déjà que trop patiente avec les montagnards pour supporter les communistes ; elle avait déjà assez perdu de sang sous le couteau de la guillotine pour soumettre à de nouvelles épreuves les grands principes de la société. Et le nouveau prophète du socialisme alla terminer sur l'échafaud une vie qui n'avait été qu'un outrage continuel à la morale et à la religion.

Ses disciples ne se sentirent jamais l'audace de se montrer sous l'Empire. Napoléon n'aurait pas plus enduré les communistes que les idéologues. Ils se réfugièrent dans les sociétés secrètes. C'est là que pendant les trente-trois années de paix, fruits de la mauvaise administration de ces gouvernements maudits, qu'on appelle la Restauration et le gouvernement de Juillet, c'est là, dis-je, qu'ils reprirent de nouvelles forces, et qu'en excitant les mauvais instincts de la nature humaine dans des âmes ulcérées par le malheur et la misère, ils se créèrent une sorte d'armée qui porta au pouvoir le 24 Février, et, plus tard, à l'Assemblée constituante, quelques-uns de leurs plus célèbres prophètes.

Or, je vous le demande, électeurs, à quelque parti que vous apparteniez, que vous soyez socialistes ou non, quels bienfaits leurs doctrines vous ont-elles procurés? Quelles améliorations vous ont-elles apportées?

Je sais bien que, suivant le proverbe, charité bien ordonnée commence par soi-même, et que ces tristes réformateurs s'occuperont peut-être de vous quand ils n'auront plus rien à faire pour eux-mêmes. Mais, en dernier résultat, quels sont les monuments élevés par le socialisme, depuis quinze mois qu'il a ses représentants au pouvoir et vingt journaux pour le soutenir? Sans doute, me répondrez-vous, c'est la réaction qui écrase ses apôtres, c'est elle qui leur ferme la bouche à l'Assemblée nationale, qui leur refuse les ressources nécessaires pour exécuter leurs projets de réformes sociales; mais vous m'avouerez que ce n'est point la réaction qui a empêché M. L. Blanc de nous exposer son système, et cependant qu'a-t-il dit, qu'a-t-il fait pendant deux mois au Luxembourg? Ce qu'il a dit? des phrases creuses, que, maître du *Moniteur*, il ne nous donnait même qu'altérées. Ce qu'il a fait?

de solides dîners, que ne dédaignaient pas de partager ses acolytes, les futurs chefs des barricades de juin, malgré leur républicanisme. Qu'a dit, qu'a fait M. Proudhon? deux ou trois discours à l'Assemblée nationale, réfutés si bien, aux applaudissements du pays tout entier, par l'honorable M. Thiers. Ce qu'il a fait? Une banque, ou, comme dit le peuple, une blague, cette fine fleur du socialisme, qui devait éblouir tous les yeux par son éclat, mais qui,

> Rose, n'a vécu que ce que vivent les roses,
> L'espace d'un matin.

Mais supposons un instant que le socialisme n'a échoué jusqu'alors que par les préjugés qui retiennent l'esprit humain, supposons qu'il soit seul capable de faire le bonheur de la société, quel socialisme embrasserons-nous? Sera-ce celui de M. Pierre Leroux, ou celui de M. Considérant, ou celui de M. Proudhon, ou celui de tout autre prétendu réformateur? Qui guidera la société dans cette campagne périlleuse? Qui lui ouvrira ces sources fécondes où elle doit puiser une nouvelle vie? Qui improvisera pour elle ce monde enchanté où la douleur et le travail se changeront en joies? Sera-ce M. Considérant avec son ingénieux appendice, M. Proudhon avec sa banque, qui n'a jamais été qu'un mythe; M. P. Leroux avec sa triade gouvernementale, dont il compte être l'unité; avec sa théorie de l'amour, qui n'a encore engendré que la haine; M. Louis Blanc avec son égalité des salaires, suivie bientôt aussi, peut-être, de celle des tailles mesurées à la sienne; M. Cabet avec son Icarie, M. Cabet, qui, avec ses dehors doucereux, a entraîné tant de malheureux dans l'abîme; M. Cabet, dont le nom nous apparaît chaque jour dans les feuilles publiques mêlé aux turpitudes et aux escroqueries de toutes sortes; M. Cabet, enfin, qui pratique peut-être, aujourd'hui, dans l'estomac d'un crocodile icarien, ses charmantes théories?

Mais, dites-vous, divisés autrefois, les socialistes sont unis aujourd'hui. Voyez comme la Montagne vote avec. ensemble; erreur. Qu'ils triomphent, et vous verrez se renouveler la lutte de Proudhon et de Considérant, cette lutte où, au milieu des invectives les plus grossières, ils se sont dit tant de vérités. Ils se dévoreraient alors les uns les autres, et vous entraîneraient dans l'abîme.

Supposons, cependant encore, qu'ils soient unis, sinon dans les détails, au moins sur quelques points principaux, comme, par exemple, l'impôt progressif et le droit au travail. Examinons ces deux principes, dont ce socialisme a tant à cœur de doter l'humanité, et montrons que s'ils étaient mis en pratique ils porteraient une atteinte mortelle à la propriété, partant à l'amour de la patrie, qui se confond avec celui du sol et peut faire seul les grands peuples.

IMPOT PROGRESSIF.

L'impôt progressif est une atteinte directe à la propriété. Cet impôt, en effet, tend par sa nature à devenir égal au revenu. Un exemple le prouvera mieux que tous les raisonnements. Nous l'emprunterons au projet de loi de M. Goudchaux, pour faire appliquer, dans toute son étendue, le principe de l'impôt progressif aux donations et successions.

	fr.		fr.		p. 0/0
En ligne directe, pour les successions ou donations dont l'actif s'élève de. . . .	501	à	10000	le droit était de	1
	10001	à	50000	—	1 $\frac{1}{2}$
	50001	à	100000	—	2
	100001	à	150000	—	2 $\frac{1}{2}$
	150001	à	600000	—	3 $\frac{1}{2}$
	600001	à	1000000	—	5
	Audessus de		1000000	—	6
Entre époux, pour libéralités à cause de mort, de. . . .	501	à	10000	—	3
	10001	à	50000	—	3 $\frac{1}{2}$
	50001	à	100000	—	4
	100001	à	150000	—	4 $\frac{1}{2}$
	150001	à	600000	—	5 $\frac{1}{2}$
	600001	à	1000000	—	6
	Au-dessus			—	7
Entre frères et sœurs, oncles et tantes, neveux et nièces, etc., de.	10000			—	6
	10001	à	50000	—	7
	50001	à	100000	—	8
	100001	à	150000	—	9
	150001	à	600000	—	10
	600001	à	1000000	—	12
	Au-dessus			—	14
Entre toutes autres personnes de . .	10000			—	11
	10001	à	50000	—	12
	50001	à	100000	—	13
	600001	à	1000000	—	18
	Au-dessus			—	20

Ainsi, l'on voit que dès le cinquième terme du premier tarif, dès le second du deuxième tarif, et même avant le premier du troisième, le produit d'un héritage serait insuffisant pour acquitter la taxe proposée. C'était entrer en plein communisme, tête haute; c'était aller droit au capital; c'était attaquer le fonds duquel la société tire chaque jour par le travail sa richesse. L'impôt proportionnel, contre lequel les financiers de la République s'élèvent avec tant d'acharnement, est loin d'avoir des conséquences aussi funestes. Cet impôt n'ayant, en effet, par son principe même, qu'un seul terme, commun à la petite et à la grande propriété, ne peut jamais devenir égal à la propriété qu'il taxe. Aussi n'atteint-il pas la formation des capitaux; il ne frappe pas l'industrie dans ses efforts; il ne détruit pas l'esprit spéculatif; enfin, il n'est pas, comme l'impôt progressif, une prime à la fraude, puisqu'il évite toute inquisition.

L'impôt progressif est donc de tous les impôts le plus onéreux et le plus inique. C'est un obstacle permanent mis au développement des grandes fortunes. Si c'est là le but que vous avez voulu atteindre, prétendus bienfaiteurs de la société, soit; mais alors ne parlez plus ni des progrès de l'industrie, ni de la prospérité de l'agriculture. Les vastes entreprises, l'application des importantes découvertes ne sont possibles qu'avec d'énormes capitaux. Les associations ouvrières, dites-vous, remplaceront les capitalistes; jamais. Ce n'est point la foule, ce n'est qu'un seul homme qui puisse concevoir et exécuter de grandes idées. Si cet impôt était jamais établi en France, on verrait bientôt s'en exiler le numéraire, les terres tomber en friche, s'enfuir toutes les intelligences fécondes, qui se trouveraient à l'étroit dans ce monde de nouvelle façon, et ce soi-disant remède à la misère qui ravage notre société n'aurait d'autre résultat que de la soumettre à la progression qu'on aurait voulu imposer à la fortune. M. Garnier-Pagès, en préconisant ce nouveau système d'impôts, se vantait d'avoir *pris le capital sur le fait*; nous, nous disons que, si l'Assemblée s'était montrée moins clairvoyante, il l'eût tué sur le fait.

DROIT AU TRAVAIL.

Le droit au travail est, ainsi que l'impôt progressif, une atteinte à la propriété. Il suppose en effet l'extinction de toute propriété individuelle. Laisser aux particuliers le soin de réglementer ce droit, serait organiser entre tous les membres de la société une guerre perpétuelle. En effet, que deux, trois, quatre individus viennent chez l'un de vous réclamer le travail qui lui est dû, aurez-vous la force de leur résister ? Créer le droit au travail c'est donc constituer, comme l'a dit un habile économiste, l'État en pourvoyeur de toutes les existences, en assureur de toutes les fortunes et en entrepreneur de toutes les industries. Le droit au travail, c'est le droit au capital, c'est le droit au salaire, c'est le droit à l'aisance ; c'est la créance la plus étendue dont on puisse armer les individus contre le trésor public. Quand on descend au fond d'un pareil système, le partage des biens paraît mille fois préférable, car la communauté des biens met du moins celui qui possède sur la même ligne que celui qui ne possède pas : elle ne prélève la part du pauvre que sur celle du riche, et se borne à faire une répartition nouvelle des capitaux ainsi que des revenus existants. Le droit au travail va bien au delà, c'est une main mise non-seulement sur ce qui est, mais encore sur ce qui peut être ; c'est la communauté non-seulement de la richesse acquise, mais des forces qui produisent, une servitude perpétuelle imposée aux chefs de la société dans l'intérêt des prolétaires nombreux que la République prend à sa solde.

Ce n'est pas tout. Le droit au travail, ajoute le même écrivain, n'a pas de sens ni de valeur, s'il ne veut pas dire que tout individu, s'adressant à l'État pour obtenir de l'emploi, aura droit au genre d'emploi auquel il est propre ; que le laboureur pourra demander qu'on lui confie une charrue à conduire et des terres à cultiver ; que le tailleur recevra une commande de vêtements ; que l'on donnera au mécanicien une locomotive à conduire ; que le peintre sera chargé de décorer les palais et les églises ; que l'historien trouvera des auditeurs pour ses leçons ou des lecteurs pour ses écrits. Cela suppose évidemment que l'État est le maître de régler, comme il l'entend, ou comme la foule l'entend pour lui, la production et la consommation, le loyer du capital, la durée du travail et le taux des salaires ; qu'il n'y a pas d'autre propriétaire, d'autre capitaliste, d'autre entrepreneur d'industrie et de commerce que lui dans la société.

Résumons-nous. Qu'a fait le socialisme pour le bonheur de la société ? Rien. Qu'a-t-il fait pour son malheur ? Tout. Du sang et des ruines, voilà ses œuvres. Électeurs, choisissez : voulez-vous décréter la mort de la nation française, nommez des socialistes ; voulez-vous vivre, éloignez-vous avec horreur de tous ces artisans de discordes et de crimes.

Parti Républicain *dit* Modéré.

Nous désignons par là tous ces républicains de naissance, de la veille, du jour, de l'heure même, du lendemain, qui, grands amis de la paix et des places, acceptent volontiers l'ordre social tel qu'il est constitué, et qui n'ont souhaité et ne désirent maintenir la République que dans l'espoir de pouvoir satisfaire leur ambition et leur cupidité, grâce à l'instabilité qui, sous ce régime, règne dans l'administration. Ce parti, représenté par *le National*, diminue chaque jour ; ses adeptes, s'apercevant que la France commençait à se lasser d'une coterie qui n'avait pour elle que son avidité et son ignorance, ont passé pour la plupart dans le camp socialiste.

Ce n'est point que, sur ce nouveau champ de bataille, ils espèrent mieux servir la cause populaire ; ils n'y voient qu'une nouvelle occasion, en se jouant de la crédulité publique, d'apaiser leur soif de places et d'argent. Qu'y a-t-il en cela d'étonnant ? Avant le 24 février ne se seraient-ils pas jetés dans les bras de la monarchie si elle avait voulu les leur ouvrir ? Qui ignore l'histoire de ce fameux républicain de la veille, marquis du lendemain, presque converti à la régence le 23 février, et le 24 acclamant la République ?

Mais admettons que ces messieurs les républicains, soi-disant modérés, soient sincères, examinons, comptons les bienfaits dont ils vous ont comblés pendant les dix mois qu'ils ont occupé le pouvoir, pesons les réformes sociales qu'ils ont opérées, voyons si pour la prospérité de la France au dedans, pour son honneur politique au dehors, ils ont mis en pratique toutes ces belles théories, justifié toutes ces colères dont ils ont rempli leurs journaux pendant dix-huit ans. Ils devaient, disaient-ils, améliorer le sort des classes ouvrières, alléger les impôts, favoriser le petit commerce aux dépens des gros capitalistes, ils devaient garantir au dedans la liberté complète de la presse ; au dehors, faire respecter partout notre influence , secourir les nationalités opprimées , et ne plus marcher à la remorque de l'Angleterre. Mais toutes ces promesses, qui leur ouvrirent l'entrée de la place qu'ils assiégeaient depuis dix-huit ans, ils n'avaient garde de s'en soucier après y avoir pénétré ; il leur suffit de prétexter la *raison d'Etat,* qui, disaient-ils, doit passer avant tout. Vils apostats, dites donc plutôt que toutes ces clameurs n'étaient pour vous qu'un marchepied pour vous élever au pouvoir ; vous l'avez retiré, vous l'avez jeté au rebut, quand vous n'en avez plus eu besoin.

Aussi les travailleurs attendirent-ils vainement la réalisation de toutes ces merveilles dont on les avait leurrés pendant dix-huit ans : les hôpitaux civils ne s'élevèrent point ; on ne vit point s'ouvrir les caisses de retraite ; le travail et le salaire s'enfuirent ; la misère, la hideuse misère, frappa chaque jour à de nouvelles portes ; bientôt les capitaux vont dormir dans les caves de la Banque ; le crédit n'existe plus ; toutes les affaires sont suspendues, quinze mois se sont écoulés, et chaque jour loin de faire naître une espérance vraiment solide détruit plutôt une à une celles qui restaient encore. Le budget de l'Etat loin d'aller en s'affaiblissant s'est augmenté de jour en jour et a fini par atteindre pour l'année 1848 le chiffre énorme de 1,800 millions, c'est-à-dire 400 millions de plus que sous le gouvernement déchu.

Mais, dira-t-on, ce budget de 1,800 millions n'est que la conséquence de la situation difficile et inattendue où s'est trouvé placé l'Etat après le 24 février; on ajoute qu'à l'heure qu'il est, l'Assemblée nationale s'occupe, libre de ces entraves, de doter la République d'un budget qui doit servir de type à tous les budgets futurs. Je n'entreprendrai pas d'examiner ici la valeur de ce budget si attendu et si cavalièrement exécuté sous nos yeux. Qu'il me suffise de dire que la République qui, quelques jours après février, faisait afficher sur les murs de Paris que désormais l'Etat se chargeait de procurer de l'ouvrage à tous les travailleurs, vient d'enlever leur pain à des milliers de familles en retranchant 48 millions sur le budget des travaux publics, malgré l'opposition de l'honorable et savant ministre des finances. Quant à la liberté de la presse et à notre dignité politique à l'extérieur, je crains de vous faire injure en vous demandant ce qu'en a fait le *National*. Qu'il me suffise de vous rappeler l'état de siége pesant cinq mois sur notre cité, l'emprisonnement arbitraire du rédacteur en chef d'un journal qui avait toujours défendu la cause de l'ordre et du bon sens, l'*entente cordiale* de M. Bastide avec lord Palmerston pendant que ses amis les clubistes italiens succombaient devant le vieux et illustre maréchal Radetzki.

Voilà ce qu'a fait la coterie du *National*, de la République dite modérée, pendant son passage au pouvoir, pour la prospérité intérieure de la France et sa situation vis-à-vis de l'Europe. Examinons son passé.

Cet examen sera court; il peut se résumer en deux mots : calomnie ou incapacité.

Personne n'ignore toutes les infâmes attaques que le *National* dirigea pendant dix-huit ans contre le gouvernement déchu, attaques que l'on apprécie aujourd'hui à leur juste valeur depuis que l'on a vu leurs auteurs à l'œuvre.

Tout le monde se souvient aussi de ces républicains modérés de 89, qui, après avoir sapé les fondements de la société, ne surent point arrêter le torrent dont ils avaient rompu les digues, conduisirent l'infortuné Louis XVI à l'échafaud, et livrèrent la France à la terreur.

Mais, m'objecterez-vous, ce ne sont plus seulement aujourd'hui ces prétendus républicains sans principes arrêtés, sans énergie pour le bien, qui n'ont d'audace que pour l'injure, d'activité que pour satisfaire leur soif du pouvoir ; c'est la France entière qui a accepté et veut asseoir la République sur des bases solides. N'a-t-on pas vu déjà, dites-vous, des républiques florissantes dans l'antiquité, dans les temps modernes ? Est-ce que, par hasard, vous voudriez parler des républiques d'Athènes, de Sparte, de Rome, de Venise ou des Etats-Unis ? Mais toutes ces prétendues démocraties ne l'étaient que de nom.

A Sparte, à Athènes, le peuple ne fut admis que fort tard à la direction des affaires, et il est à remarquer qu'à partir de cette époque, excepté durant les temps de guerre, ces deux villes, la dernière surtout, furent en proie à toutes les séditions qu'excitaient chaque jour d'ambitieux démagogues, et finirent par y trouver la mort ou tomber sous le joug de l'étranger. De plus, ces citoyens, à qui le suffrage universel était accordé, n'étaient qu'en très-petit nombre, quinze ou vingt mille au plus ; tandis qu'autour d'eux, dans la ville,

2.

dans la campagne, gémissaient sous le plus affreux esclavage plus de cent mille malheureux.

La république romaine elle-même, que l'on admire si souvent sur parole, ne fut pendant près de cinq siècles que la plus intolérable des aristocraties. Lorsqu'enfin les plébéiens, secouant le joug de leurs orgueilleux patriciens, purent prendre une part directe à l'administration de l'Etat, quel spectacle nous offre la Ville éternelle ! Il suffit de citer les noms des Milon et des Clodius pour rappeler les scènes de carnage qui ensanglantaient chaque jour la place publique, et qui, en moins de cinquante ans, amenèrent le triomphe de l'empire, c'est-à-dire du plus effroyable despotisme qui ait jamais pesé sur les hommes.

Je ne m'arrête point à la république de Venise. Personne n'ignore qu'elle n'échappa à l'anarchie qu'en supportant pendant plusieurs siècles la sombre tyrannie de son tribunal des Dix, de ses inquisiteurs d'état et de tant d'autres institutions que goûteraient fort peu les républicains de nos jours.

Quant aux États-Unis, quelle comparaison établir entre eux et la France ? Les États-Unis sont un état fédéré, la France est un état homogène ; les États-Unis n'ont point de passé, point de tradition à continuer ; la France a une histoire glorieuse de quatorze siècles et de vieux engagements politiques à soutenir. Et d'ailleurs qu'avons-nous à envier à la république de Washington ? seraient-ce ses littérateurs, ses savants, ses artistes ? mais elle ne s'inquiète pas ou fort peu de ces délices de l'esprit. Serait-ce la morgue de ses capitalistes que dévore la soif de l'or ? la sécurité des personnes est-elle garantie dans un état où, en plein jour, dans une de ses villes le plus peuplées, on a pu tout récemment dévaliser une rue presque entière? Non, non, laissons aux Américains leur république argyrophile; contentons-nous ne pas rougir d'un passé qui nous a maintenu tant de siècles au premier rang des nations civilisées.

On va plus loin, et l'on dit : Si la république n'a pu jeter racine nulle part, c'est à la France, qui a toujours devancé les autres nations dans la voie du progrès, à prouver qu'elle peut exister et grandir. Je le souhaite de tout mon cœur, si cette forme de gouvernement peut faire le bonheur de notre pays et fermer l'ère des révolutions ; mais je crains bien qu'elle ne fasse que les rouvrir, et que nous soyons condamnés à une agitation perpétuelle dans un pays où tous les quatre ans pourrait venir s'asseoir sur le fauteuil de la présidence, avec un nouvel élu, de nouveaux plans et de nouvelles traditions.

Parti Napoléonien.

Je ne m'étendrai pas sur ce nouveau parti. Son impuissance à tirer notre malheureuse patrie du précipice où elle est tombée est par trop évidente, même pour les moins clairvoyants ; ce n'est qu'une nouvelle difficulté ajoutée à tant d'autres qui rendent déjà si difficile notre situation politique. Personne peut-être ne professe une admiration plus sincère pour le grand homme qui a su tirer la France de l'abaissement où l'avait réduite les montagnards et les terroristes de 93, ni plus de reconnaissance pour le généreux prince qui s'est naguère dévoué si résolument à la défense de l'ordre ; mais en conscience je ne puis reconnaître dans le parti napoléonien des éléments suffisants de régénération pour notre patrie. Sans doute, tous les honnêtes gens s'applaudiront toujours de voir marcher dans leurs rangs les héritiers du nom du vainqueur de Marengo et d'Austerlitz ; mais croit-on que ce nouveau parti, au sein de la paix, ait assez de sa gloire passée pour rallier à lui tous les autres partis, faire cesser toutes les dissidences, et ramener dans tous les cœurs, du moins des honnêtes gens, l'union qui règne en apparence dans nos rues et dans nos comités ? Croit-on que les socialistes lui sacrifieront leurs théories subversives, les républicains les places qu'ils convoitent, les partisans de la monarchie leurs vieilles affections ? Sans doute ces derniers ne descendront jamais dans la rue un fusil à la main, comme les socialistes de juin ; mais n'est-il pas à craindre que le parti en question ne trouve point dans les hommes d'ordre un appui assez sincère, et par conséquent assez fort, pour résister aux tentatives criminelles de gens qui n'ont rien à perdre et tout à gagner au désordre ? Tous les quatre ans ne sera-ce pas une nouvelle bataille à livrer aux partisans des Proudhon et des Ledru-Rollin ? Quel obstacle leur opposera le parti nouveau ? n'est-il pas lui-même divisé ? n'y a-t-il pas les bonapartistes et les napoléoniens ? les premiers ne veulent-ils pas conserver une république bonapartiste et les seconds créer un empire ? Dans le premier cas, la France reste en proie au fléau qui la ravage ; dans le second, elle voit se rouvrir encore une fois l'ère des révolutions. Le prince L.-N. Bonaparte n'a point et n'aura jamais la malheureuse pensée de manquer à ses promesses, autrement ce serait entrer dans la plus funeste de toutes les voies, dans celle des usurpations; ce serait préparer à notre infortunée patrie de nouvelles catastrophes.

Le parti napoléonien ne doit donc pas être considéré, à proprement parler, comme un parti. Libre à chacun de manifester son admiration pour une des époques les plus glorieuses de notre histoire. Les candidats napoléoniens ne doivent inspirer aucune défiance. Seulement, en les choisissant, ayez soin de nommer en eux, non les représentants d'un parti, mais des citoyens qui, par leurs lumières et leur expérience, peuvent concourir comme les autres à guérir les plaies de notre pays. L'élu du 10 décembre ne représente pas un état de choses qui puisse devenir permanent, ce n'est qu'un état passager qui doit servir de transition pour faciliter, au moyen des voies légales, le rétablissement de la société sur les seules bases qui puissent résister aux attaques de tous les ennemis de l'ordre et de la paix.

Parti Monarchique.

Nous comprenons sous cette dénomination le parti légitimiste et le parti orléaniste. Ces deux partis ont pour eux un passé brillant. Naguère divisés, leur union devient plus étroite de jour en jour; puisse-t-elle se consommer pour le *salut* de notre patrie ! Depuis dix-huit ans, les républicains ont amassé contre ces deux gouvernements bien des accusations; aussi n'est-ce point sans quelque embarras que j'entreprends de compter avec vous les services qu'ils ont déjà rendus, ceux qu'ils peuvent vous rendre encore, et vous montrer qu'eux seuls sont capables d'assurer au pays la paix et la prospérité qu'ils lui ont déjà données pendant tant de siècles.

Sans doute ces deux gouvernements ont commis des fautes, sans doute ils n'étaient point parfaits, mais je crois qu'à cet égard la République a dû nous rendre fort indulgent.

1° Parti Orléaniste.

Ce ne sont pas les calomnies qui ont manqué au gouvernement de juillet; si nous voulions les relever une à une, nous dépasserions inévitablement les limites que nous nous sommes imposées. Nous nous attacherons aux principales, à celles qui se répètent le plus fréquemment, qui sont en quelque sorte passées à l'état de préjugés. Trois points, surtout, nous semblent avoir provoqué de la part de ses ennemis les attaques les plus vives et les plus réitérées contre le gouvernement qui, pendant dix-huit années, a donné à notre pays la paix et la prospérité. Nous voulons parler des finances, des améliorations sociales et de l'honneur politique de la nation. On l'accuse d'avoir gaspillé les unes, négligé les autres, et avili la dernière. Nous allons faire de ces trois points l'objet de trois chapitres distincts, et nous tâcherons d'être courts et d'y renfermer plus de faits que de paroles.

Finances.

Le gouvernement provisoire n'est pas le seul qui ait eu à supporter des charges à son avénement ; le gouvernement de Juillet en eut aussi, et de fort lourdes, avec cette différence qu'il sut les alléger, tandis que le gouvernement provisoire ne sut qu'augmenter celles qu'il disait lui avoir été léguées, et s'en créer de nouvelles. La situation financière, au moment où le gouvernement de Juillet prit en main la direction des affaires, était loin d'être exempte d'embarras et même de graves embarras. La gloire ne coûte pas toujours bon marché. L'Empire avait fait à la Restauration une position qu'il ne lui fut pas toujours donné de rendre meilleure ; des événements imprévus, que tout le monde connaît, l'empêchèrent, elle aussi, d'opérer dans l'administration des finances toutes les réformes qu'elle aurait désirées ; ils l'aggravèrent même quelquefois. En 1830, la dette publique (1) se montait à 4 milliards 385 millions. Ajoutez à cela que la Restauration léguait, en partant, au gouvernement de Juillet, la guerre d'Algérie qui a coûté à la France plus de 1 milliard. Cependant, malgré toutes ces difficultés, le budget des dépenses et celui des recettes

(1) On désigne sous le nom de dette publique, la dette flottante et la dette inscrite ou consolidée. La dette flottante se divise en deux parties bien distinctes : 1° La dette à échéance déterminée, ou bons royaux remboursables à des *dates fixes* et *connues d'avance* ; 2° la dette flottante, à échéance indéterminée, dont le capital reste presque intégralement au trésor tant que l'Etat inspire confiance. Les fonds des caisses d'épargnes sont de ce genre.

Enfin, la dette consolidée se compose de rentes annuelles de capitaux pour la restitution desquels l'Etat n'a pas contracté d'engagement. Les payements des rentes de ce *capital nominal* ont lieu par semestre.

Ces distinctions sont utiles pour réduire à leur juste valeur les chiffres de 4 à 5 milliards de dettes exploités par les républicains.

se trouvèrent équilibrés en 1837, et, sans les sacrifices qu'ont exigés la construction des fortifications en 1840 et les éventualités de la guerre d'Orient, la situation financière du gouvernement de 1830 eût été indubitablement à son départ une des plus florissantes de notre histoire. En effet, malgré les dépenses du budget extraordinaire que nous venons de citer, et celles qu'ont occasionnées le développement merveilleux des travaux publics pendant les dix-huit dernières années, le *capital nominal* de la dette publique ne s'est augmenté que de 622 millions, dont l'intérêt s'élève à peine à une dizaine de millions, ou, en d'autres termes, la dette publique, sous la dynastie de Juillet, ne s'est accru que du *septième* de la dette totale.

Au reste, l'augmentation de la dette dans un grand État comme la France, ne peut être un sujet de blâme que si les résultats obtenus ne sont pas en proportion avec les sacrifices imposés au pays dans le présent et dans l'avenir. C'est une opération digne d'éloges, si elle a pour conséquence d'accroître la puissance ou la richesse du pays bien au delà de l'étendue de ces sacrifices, et la mesure de cet accroissement devient celle du mérite de l'opération (1). Qu'on lise le tableau suivant, faible image du développement des travaux publics sous la dynastie d'Orléans, et l'on verra s'il y a lieu de regretter la somme de 1 milliard 464 millions (2) qu'ils ont exigée, et que, à écouter

(1) Cette observation appartient à M. Lacave-Laplagne. Son sage et savant travail, ainsi que celui de M. Vitet, nous a été fo t utile dans l'examen des finances de la monarchie.

(2) Cette somme, comme on sait, provient d'emprunts faits en vertu de la loi de 1837 et de celle de 1842, et destinés à former le budget des travaux extraordinaires, le budget ordi-

les républicains de la veille, elle faisait passer en Amérique.

Les monuments ci-après désignés, commencés avant 1830, ont été terminés depuis cette époque :

L'Arc de Triomphe de l'Étoile ;

Le Panthéon ;

L'École des Beaux-Arts ;

La Chambre des députés ;

L'hôtel du quai d'Orçay ;

La colonne de Boulogne.

Des constructions importantes ont été entreprises et terminées depuis la même époque :

Au Muséum d'histoire naturelle ;

Au Collége de France ;

A l'Institution des Sourds-muets :

A l'Observatoire ;

Au palais de l'Institut ;

A celui du Luxembourg ;

A l'hôtel des Archives ;

A l'Ecole vétérinaire d'Alfort ;

A la maison de Charenton ;

A tous les hôtels des ministères, surtout ceux de l'intérieur, des travaux publics et de la guerre.

Ont été également terminés :

Le monument de Juillet ;

L'Institution des jeunes aveugles ;

L'érection de l'obélisque du Louqsor ;

naire ou normal de l'Etat n'ayant pour objet que de couvrir les dépenses exigées par les charges du service ordinaire. L'emprunt peut seul fournir les ressources que réclame le progrès incessant des sociétés modernes. C'est la rente de ce capital qui s'ajoute à la dette publique.

L'École normale ;

L'acquisition de l'hôtel de Cluny.

Sont en cours d'exécution et quelques-uns très-avancés :

Le Dépôt des cartes et plans de la marine ;

La restauration de la Sainte-Chapelle ;

L'accroissement de l'Ecole des mines et de l'Ecole polytechnique ;

Le tombeau de Napoléon ;

Les archives de la cour des comptes ;

L'hôtel de la présidence de la Chambre et celui des affaires étrangères, bâtis sur un terrain acquis par l'Etat ;

L'hôtel du timbre ;

La restauration du château de Blois, de l'église Saint-Ouen et de l'amphithéâtre d'Arles.

Si nous n'avions craint de sortir du cadre que nous nous sommes tracé, nous aurions ajouté, pour la justification complète de l'emploi des 1,500 millions, le tableau non moins instructif des dépenses qui ont eu pour objet les canaux, les ponts jetés sur toutes les rivières, les routes, etc.

C'est donc appuyé sur des résultats aussi positifs qu'il nous sera permis de dire que le gouvernement de Juillet n'a jamais eu en vue que la prospérité de l'agriculture, l'émancipation de l'industrie, l'extension du commerce extérieur, l'augmentation du travail national, lorsqu'il exécuta tant de fécondes entreprises sur tous les points de la France. N'oublions pas en outre, que la dynastie de juillet a vu disparaître de son budget plusieurs des ressources qui figuraient dans les budgets précédents, comme les salines de l'Est, le pro-

duit des jeux et le bénéfice de la loterie. La suppres-
sion de ces deux derniers revenus, qui s'élevaient à
plus de 18 millions par an, est un hommage rendu à
la morale publique et fera l'honneur du gouvernement
auquel elle est due.

Les financiers de la force de MM. Garnier-Pagès et
Duclerc s'en vont criant partout que le dernier gouvernement avait organisé systématiquement la banqueroute. Il est plus facile de vomir des calomnies
que d'en démontrer la vérité. Ils avaient un moyen bien
simple de prouver que la dynastie de Juillet avait mal
géré les finances, c'était de faire mieux qu'elle. C'était
de diminuer ce budget qui leur pesait tant sur le cœur.
Loin de là, avec des charges moindres que leurs de-
vanciers, ils n'ont fait que l'accroître. Le budget pour
1848 s'est élevé à la somme de 1,800 millions. Ce
chiffre de deux milliards qu'ils redoutaient tant pour
la royauté, ce sont eux qui l'ont atteint les premiers.

Je sais bien que les financiers du *National* veulent
faire les circonstances complices de leur incapacité.
Nous leur dirons d'abord que c'était à eux à ne pas
placer la France dans cette position difficile en lui
imposant une forme de gouvernement qu'elle n'avait
pas demandée. La crise financière, d'ailleurs, n'était
point si terrible qu'ils se sont plus à le répéter; ils ne le
croyaient pas eux-mêmes, pendant les deux semaines
qui suivirent la révolution de Février. Le *Moniteur*
du 4 mars renferme ces mots : « Considérant que le
» Trésor a dès à présent à sa disposition *tout le nu-*
» *méraire nécessaire* à l'acquittement des rentes 5 pour
» 100, 4 et demi pour 100 et 4 pour 100 ;
» Considérant que les dépenses de tous les services

» sont couvertes par les recettes dont la réalisation
» est assurée, etc. etc. »

Ce n'était pas trop s'avancer. En effet, ce gouvernement obéré, dont, huit jours auparavant, l'opposition proclamait la détresse, ce gouvernement sans précaution, sans prévoyance, avait, depuis deux mois, amassé soigneusement une importante réserve : 135 millions en espèces, 55 millions en portefeuille, le tout formant un fonds disponible de 190 millions, non compris les rentrées journalières de l'impôt, voilà ce que les vainqueurs trouvaient pour leur bienvenue ; la surprise était agréable, et il est tout naturel que leur langage et leurs actes s'en soient d'abord ressentis.

Plus tard, quand on eut recueilli les orages qu'on avait semés, quand il fallut des excuses à la détresse, des prétextes aux nouveaux impôts, on eut bien soin d'oublier la trouvaille du premier jour.

Ce qu'elle devint, nous l'apprenons aujourd'hui par le rapport que vient de publier la commission chargée d'examiner les comptes du gouvernement provisoire, rapport dont on lira plus bas quelques extraits. Cet encaisse de 190 millions n'était point la seule ressource que possédât le ministre des finances. La compagnie du chemin du Nord devait verser au Trésor, le 15 *avril*, une somme de 20 millions. De plus, les adjudicataires de l'emprunt contracté le 10 novembre 1847 sollicitaient l'autorisation d'effectuer de nouveaux versements. Il est vrai que M. Garnier-Pagès refusa d'accéder à leur demande, sans doute, ainsi qu'il le dit lui-même dans son rapport du 8 mai, parce qu'il « avait été souscrit à des conditions trop avantageuses pour les prêteurs. » Singulière assertion de la part d'un homme appartenant à ce parti, qui accuse la monarchie d'avoir érigé le vol en système.

Mais on ne connaît complétement une situation financière que lorsqu'on sait le *doit* et l'*avoir*. Il faut donc constater avec exactitude quel était le montant réel de la dette du Trésor, de la dette flottante, pour parler le langage reçu ; il faut surtout bien établir quelle était, dans cette dette, la partie à proprement dire *exigible*, dans quelle mesure et à quelle condition elle l'était.

Selon M. Garnier-Pagès, la dette flottante avait atteint dès le commencement de 1848 des proportions inconnues jusqu'alors. « Encore un peu de temps, dit-il dans son rapport du 8 mai, et elle dépassait 1 milliard, 1 milliard *incessamment exigible!* »

Et d'abord, à ce chiffre de 1 milliard, nous opposons immédiatement le chiffre officiel, le chiffre vrai, celui que nous donne le compte des finances de 1847, publié au mois de mai 1848, et dressé par conséquent sous les yeux de l'administration républicaine. Quel était, selon ce compte, le montant de la dette flottante? Il était, au 1er janvier, de 630 millions.

De 630 millions à 1 milliard la différence est grande ; il va sans dire que les sept premières semaines de 1848 ne suffisent pas à l'expliquer.

Elle provient de la confusion établie par M. Garnier-Pagès entre les sommes dont le Trésor est débiteur à découvert, et celles dont il est plutôt garant que débiteur, puisqu'elles sont représentées entre ses mains par des valeurs négociables à la Bourse. On comprend que nous avons eu vue cette partie de la dette du Trésor provenant des versements successifs opérés annuellement par les Caisses d'épargne depuis trente ans. Le montant de ces versements était, au 24 février, de 355 millions; mais, sur cette somme, 65 millions seulement étaient en compte courant au Trésor ; le reste a reçu, en vertu d'une loi votée par la Chambre des députés, une destinaton toute spéciale ; ces 290 millions ont été constitués en rentes acquises sur la place ou en actions de canaux, dont les titres sont confiés à la garde et sous la tutelle de la Caisse des dépôts et consignations.

M. Garnier-Pagès s'est extasié en ne trouvant pas dans les coffres du Trésor des sommes en écus égales à celles qui étaient portées sur les livrets de cet établissement ; il s'indigne qu'on les ait immobilisées en rentes ; il s'écrie : « Le gage était transformé, il n'était plus libre. » Et que vouliez-vous donc qu'on fît pour qu'il restât libre ? Fallait-il les garder en nature, en écus ? laisser s'immobiliser pour l'éternité, peut-être, 355 millions dans les caves du Trésor ? Obliger l'Etat à payer, sans aucune compensation, plus de 12 millions d'intérêt par an ? Et ce qui est plus grave encore, enlever au commerce, à l'industrie, cette masse énorme de numéraire si nécessaire à leurs besoins ?

Quant à dire que les créances de la Caisse d'épargne étaient incessammeut exigibles, ceci peut être vrai en pure logique, mais ne peut l'être en fait que sous des financiers dont les théories laissaient entrevoir chaque jour les douceurs d'une spoliation.

Pour ce qui concerne l'autre partie de la dette flottante, qui se montait à 318 millions, M. Garnier-

Pagès reconnaît que les échéances en étaient éche-
lonnées sur l'année entière : elles étaient, dit le rapport du 9 *mars*, « *régulièrement* distribuées sur les
divers mois de 1848. » Ainsi, point de surprise pos-
sible, chaque créancier ne pouvait venir qu'à son
tour.

Ainsi tombent toutes ces infâmes accusations de
banqueroute organisée ; ainsi s'évanouissent ces con-
tes ridicules, colportés dans les masses, sur le mo-
narque déchu, qui, à entendre les feuilles démagogi-
ques, aurait fait charger le numéraire sur trois cents
chariots (1) pour le transporter en Angleterre. On
sait, du reste, aujourd'hui, à quoi s'en tenir sur cette
prétendue disparition du numéraire, quand on voit le
bilan hebdomadaire de la Banque nous révéler l'accroissement toujours progressif des espèces dans ses
caves, accroissement lié à la stagnation si déplorable
des affaires commerciales.

Mais qu'importaient les calomnies aux républicains
de la veille ! Quand M. Garnier-Pagès, sous les in-
fluences de la politique honteuse révélée par le rapport sur les comptes du gouvernement provisoire,
suspendait les payements vis-à-vis des déposants des
Caisses d'épargne et des créanciers des bons du Trésor,
il fallait bien injurier ce même gouvernement dont
son prédécesseur, M. Goudchaux, avait admiré les
ressources ! Ne fallait-il pas payer toutes ces polices
mutuelles, tous ces agents de corruption dont nous
parle le même rapport, auquel nous empruntons les
lignes suivantes, qui jettent une lumière inattendue

(1) Historique.

sur les goûts économiques du gouvernement provisoire (1).

« L'Assemblée et le pays reconnaîtront, avec nous, qu'il y a eu prodigalité et du gaspillage dans un grand nombre de dépenses ; que les règles de la comptabilité ordinaire ont été méconnues ; qu'un véritable désordre a régné dans la gestion des deniers de l'Etat . . . .

» Nous avons vu les deniers de l'Etat dépensés par des membres du gouvernement provisoire, pour surveiller les actes de quelques-uns de leurs collègues qui les faisaient surveiller eux-mêmes . . . . . »

Avons-nous besoin de nous étendre sur ces pénibles révélations? Le simple exposé des faits n'en dit-il pas assez?... Voilà des hommes qui reçoivent la mission en quelque sorte providentielle de conduire les destinées de la révolution et de fonder un nouveau gouvernement, et qui en sont réduits à se surveiller les uns les autres !

Améliorations sociales.

On a accusé le dernier gouvernement de ne s'être point assez occupé du sort des travailleurs, de n'avoir rien fait pour calmer leurs douleurs, soulager leur misère. Nous ne croyons pas pouvoir mieux répondre à ces absurdes calomnies qu'en citant le passage suivant d'une lettre de M. Lavergne, ancien député : «Le malheur du gouvernement déchu a été de ne pas as-

(1) Nous engageons nos lecteurs à lire ce précieux document de l'histoire contemporaine. Ils y verront comment messieurs les républicains de la veille entendent administrer nos finances et guérir la France de la plaie de la corruption électorale.

sez parler au peuple. Le peuple a cru qu'on ne s'occupait pas de lui ; il s'est trompé, sans doute, car tout autre régime aura bien de la peine à faire plus que celui qui en dix-sept ans a répandu l'instruction primaire sur toute la surface du sol, créé les caisses d'épargne, les salles d'asile et les crèches ; augmenté, dans une proportion énorme, le nombre et le taux des salaires par le progrès incessant du commerce, et surtout par une masse de travaux publics de plus de 200 millions par an, et qui, au moment où il est tombé, proposait aux Chambres la réforme des monts-de-piété, la fondation des caisses de retraite pour les ouvriers, et la mise en valeur des biens communaux. Mais, enfin, c'est cette erreur du peuple qui a fait la révolution de février : le peuple n'a pas vu qu'il avait absolument les mêmes intérêts que les autres classes ; il commence à s'en apercevoir aujourd'hui, il le saura davantage plus tard ; mais il n'y a pas d'autres moyens de le lui apprendre que d'accepter sa participation au gouvernement du pays, etc. »

Politique étrangère.

Nous serons court sur ce point. *Le National* a si promptement oublié les principes qu'il avait professés pendant dix-huit ans, qu'il y aurait de la cruauté à établir une comparaison entre sa politique de dix mois et celle de la dynastie de Juillet. Il suffit, pour l'honneur de cette dernière, de rappeler l'expédition de Lisbonne par l'amiral Roussin (juillet 1831), la prise d'Anvers qui assura l'indépendance de la Belgique, l'occupation d'Ancône malgré l'Autriche, le bombardement de Saint-Jean d'Ulloa, le retour des cendres de Napoléon que l'Angleterre ne nous céda qu'à contre-cœur, le bombardement, enfin, de Tanger et de Mogador, quatre expéditions dans lesquelles le noble prince de Joinville cueillit de si beaux lauriers que la République ne fera pas oublier.

Voilà ce qu'a fait la dynastie d'Orléans qu'on accuse d'avoir dilapidé nos finances, écrasé les travailleurs, avili notre honneur politique. Mais la France ne sera pas ingrate. Elle se souviendra toujours de cette auguste reine dont les vertus et la bonté vivront à jamais dans le cœur des malheureux qu'elle a arrachés à la misère et au désespoir ; elle se rappellera toujours ces jeunes princes élevés dans ses écoles, couronnés dans ses concours, nourris dans ses camps ; elle se souviendra du jour où l'on a fait descendre, dans la cour du Louvre et à Saint-Omer, du piédestal où l'avait placée la reconnaissance publique, la statue de l'infortuné duc d'Orléans, comme si cette généreuse et forte République devait tout craindre, même les morts. Cette infamie n'a point fait oublier à la veuve de ce grand prince les malheureux qu'elle avait l'habitude de secourir. Du fond de son exil, elle leur fait don du douaire annuel de 300 mille francs que la République ne pouvait lui enlever. N'hésitez donc point, Electeurs : les mêmes hommes qui, pendant dix-huit années, ont secondé la dynastie de Juillet dans l'accomplissement de sa noble tâche, ne pourront que la continuer aujourd'hui.

Seuls, unis aux représentants du parti qui suit, ils peuvent fermer les plaies que l'incapacité présomptueuse a faites à notre malheureuse patrie.

2° PARTI LÉGITIMISTE.

Nous serons courts sur ce parti. Il est évident pour

tous les hommes de bon sens que là est le salut du pays. Pour son passé, personne ne l'ignore. Faire son histoire, c'est faire celle de la France. Les noms des saint Louis, des Henri IV, des Louis XIV, sont gravés dans la mémoire de chacun de nous ; vous connaissez tous les victoires de Bouvines, de Rocroy et de Denain, qui trois fois arrachèrent notre patrie au joug de l'étranger prêt à l'envahir ; vous savez tous que la France, sous la monarchie légitime, loin de rétrograder dans la voie du progrès, s'est toujours placée au premier rang des nations civilisées, par les armes, par les sciences, par les arts. Toutes nos académies, c'est elle qui les a fondées ; les chefs-d'œuvre de toutes sortes dont nous nous enorgueillissons sont nés sous son influence ; les Invalides, les Gobelins, les manufactures de Lyon, de Saint-Gobin, de Sèvres, tant d'autres merveilles de l'industrie sont son ouvrage. Un de ces siècles enfin qui font la gloire de l'humanité porte le nom d'un de ses rois. Voilà pour son passé. Voyons pour son avenir.

Il est clair que, de tous les partis, le parti légitimiste est le seul qui puisse concilier tous les autres, ou qui soit assez fort pour contenir ceux qui tenteraient de livrer de nouveau la société au désordre. Appuyé sur les éternels principes de la propriété et de la religion, il présenterait à tous les honnêtes gens le vrai centre autour duquel ils pourraient venir se ranger. Il n'est point, lui, issu des barricades ; son rétablissement serait l'arrêt de toutes les insurrections passées ; uni au parti orléaniste, il fermerait la porte à toutes les révolutions. Avec lui renaîtrait le crédit, le travail reprendrait, les sources de la misère seraient taries. M. de Larochejaquelein, en prenant récemment une généreuse initiative au sujet de ces fameuses caisses de prévoyance et de secours mutuels tant promises par les républicains, n'a-t-il point montré que les véritables amis du peuple ne sont pas là ou on les croit généralement?

CONCLUSION.

Ma conclusion, Electeurs, est facile. Des quatre partis qui vont descendre dans l'arène au 13 mai : le parti républicain socialiste, le parti républicain dit modéré, le parti napoléonien, le parti monarchique ; les deux premiers sont des fléaux, le troisième est impuissant, le quatrième seul peut sauver la France. Je ne vous dirai point, comme un Montagnard connu : Prenez vos capsules et vos fusils ; la voie de l'insurrection est une voie funeste ; lisez l'histoire : toute insurrection a été un retard dans la marche de la civilisation. Il ne faut jamais sortir de la légalité : le temps, voilà le grand ouvrier politique. Point de compromis, point de républicains de la veille, point d'impérialistes ; nommez des monarchistes, non pas comme représentant un principe, mais comme de simples administrateurs que recommandent leur expérience et leurs lumières. Le jour viendra peut-être où, sans secousses et sans une goutte de sang, la société rentrera dans ses anciennes voies, les seules qui puissent la conduire à la paix et au bonheur. Les grands principes de l'ordre reprennent presque partout en Europe leur empire ; pourquoi la France ne les verrait-elle pas renaître un jour dans son sein ? Alors deviendront possibles ces réformes administratives réclamées de nos jours par d'éminents esprits, et qui à elles seules, pour la sécurité d'une nation, valent mieux que toutes les baïonnettes.

Imprimerie Dondey-Dupré, rue Saint-Louis-au-Marais, 46.

www.ingramcontent.com/pod-product-compliance
Ingram Content Group UK Ltd.
Pitfield, Milton Keynes, MK11 3LW, UK
UKHW021151140726
13695UKWH00005B/2065

9 782014 068160